Für Charlotta

PETER ZUMTHOR

1998–2001

Bauten und Projekte

Band 3

Herausgegeben von Thomas Durisch

Scheidegger & Spiess

Band 1   1985–1989

Und von innen nach aussen, bis alles stimmt

Atelier Zumthor, Haldenstein, Graubünden
Schutzbauten für Ausgrabung, Chur, Graubünden
Kapelle Sogn Benedetg, Sumvitg, Graubünden
Wohnsiedlung Spittelhof, Biel-Benken, Basel-Landschaft
Wohnhaus mit Ladengeschäft in der Altstadt von Zürich
Bergstation Rothornbahn, Valbella, Graubünden
Wohnungen für Betagte, Masans, Chur, Graubünden
Kunsthaus Bregenz, Österreich

Band 2   1990–1997

Wohnhaus Truog, Gugalun, Versam, Graubünden
Therme Vals, Graubünden
Topographie des Terrors, Berlin, Deutschland
Herz Jesu Kirche, München, Deutschland
Laban Centre for Movement and Dance, London, England
Klangkörper Schweiz, Expo 2000 Hannover, Deutschland
Wohnhaus Luzi, Jenaz, Graubünden
Kolumba Kunstmuseum, Köln, Deutschland

Band 3   1998–2001

Poetische Landschaft, Bad Salzuflen, Deutschland
1998–1999

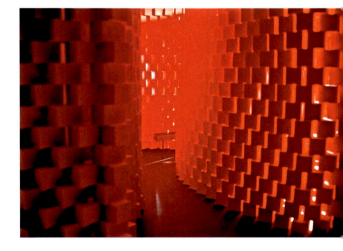

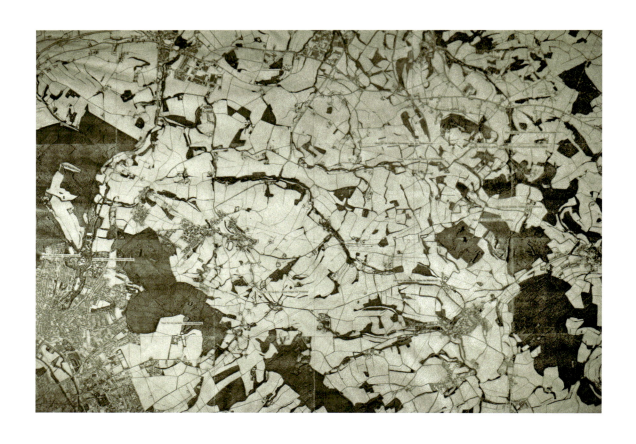

Das Projekt Poetische Landschaft hat mir neue Räume eröffnet, neue Räume des Nachdenkens über den Zusammenhang von Architektur und Landschaft und die Gestaltung von Gebäuden, die weniger einem praktischen Zweck als einem geistigen Bedürfnis dienen. Für das Projekt der Poetischen Landschaft habe ich versucht, kleine Häuser zu entwerfen, die dem Lesen eines Gedichtes, dem Klang eines Gedichtes, die der Präsenz eines für einen bestimmten Ort in der Landschaft geschriebenen Gedichtes gewidmet sind. Das Projekt der Poetischen Landschaft geht auf eine Idee von Brigitte Labs-Ehlert, Leiterin des Literaturbüros in Detmold, zurück. Sie lud Lyriker ein, für einen bestimmten Ort in der Landschaft ein Gedicht zu schreiben, und fragte mich als Architekten an, auf die von den Autoren ausgewählten Orte mit einem Haus für das Gedicht zu reagieren.

Die Gegend, das Lipper Bergland, ein Gebiet östlich von Bad Salzuflen in Nordrhein-Westfalen, knapp zwanzig Kilometer lang und ungefähr zwölf Kilometer breit, herausgegriffen aus einem grösseren landschaftlichen Ganzen, zufällig fast, wurde im Rahmen der literarischen und architektonischen Arbeit näher betrachtet und interpretiert.

Wer sich aufmacht, das Lipper Bergland zu erkunden, der wird nach einer Zeit des Einlesens, die es braucht, um die unspektakulären Formen dieser Gegend in sich aufzunehmen, schon bald Orte entdecken, die auf ihre Weise schön sind. Die landschaftlichen Elemente der Gegend erscheinen an diesen Orten in prägnanten Konfigurationen, verdichtet zu Bildern, es sind merkwürdige Orte im eigentlichen Sinn des Wortes. Dabei empfindet man sie weniger als einmalig und grossartig denn als charakteristisch und typisch. Es ist eine vorwiegend bäuerliche Kulturlandschaft, über Generationen von menschlicher Arbeit geprägt, die man hier vorfindet. Man sieht historisch Gewachsenes, intensiv Bewirtschaftetes, Absterbendes, Spuren der Vernachlässigung, des Zerfalls, des Wandels, sieht Überkommenes, Neues, Hässliches und Schönes.

Wir haben den Körper dieser Landschaft auf den Spuren der von den Autoren ausgewählten Orte abgesucht und darin unsere eigenen Lieblingsstellen gefunden. Die Ausstrahlung dieser Stellen wollten wir durch einen fokussierenden baulichen Eingriff steigern. In ihrer Summe, so hofften wir, würde mit diesen Eingriffen ein weiträumiges Energiefeld in der Landschaft entstehen. Die verschiedenen architektonisch-landschaftlichen Konstellationen würden

zusammenwachsen, eine neue Ganzheit würde entstehen: ortsbezogene Häuser,
ortsbezogene, in den Häusern geborgene Gedichte, aufeinander reagierend,
eine poetische Landschaft.

So erfanden wir Körper in der Art von grossen Gefässen, architektonische
Hohlformen, geschaffen, um die wechselnde Intensität des Tageslichtes einzufan-
gen und von Ort zu Ort neu erlebbar zu machen, geschaffen zum Verweilen,
Lesen und Sprechen, erfunden und gebaut, um dem Klang der Landschaft auf
die Spur zu kommen.

Das Projekt der Poetischen Landschaft wurde nicht verwirklicht, weil die
Regierung des Landkreises von einer politischen Partei an eine andere überging.
Aus dem Vorrat an architektonischen Bildern, den ich mir damals erträumt
und erarbeitet hatte, entstand später die Feldkapelle Bruder Klaus in Wachendorf
in der Eifel.

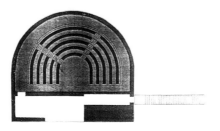

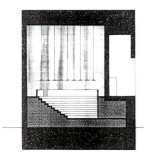

Haus Zumthor, Haldenstein, Graubünden
1998 – 2005

Leben und Arbeiten, Familie, Kinder, Enkel; Räume zum Wohnen, Räume
zum Arbeiten mit jüngeren Kolleginnen und Kollegen, zum Häuser Erfinden und
Planen – diese Dinge gehören für mich zusammen, dafür ist das Haus gebaut.
Es beinhaltet eine frei mäandrierende lineare Abfolge von Haupträumen und
eingestreuten Nebenräumen. Je nach Gehrichtung haben die Räume zunehmend
mit Arbeit oder, geht man in die entgegengesetzte Richtung, mehr mit dem
privaten Wohnen zu tun. Herzstück der architektonischen Komposition ist mein
gegen Süden gerichteter Arbeitsraum, in dem ich, wie schon im Atelier von 1986,
vor einer langen Wand im Rücken arbeite. Zu meiner Linken geht es hinauf
in die Küche, rechts in die Stube, und wenn ich mich nach vorne wende und um
den Innenhof, den Ahorngarten, herumgehe, gelange ich in die Räume der ge-
meinsamen Arbeit mit den Architekten und Modellbauern, die mir helfen, meine
Häuser zu entwickeln.
Einige Zeit, bevor ich das Haus baute, hatten wir Vorstudien für verschiedene
Wohnhäuser gemacht, die das Aushöhlen von Blöcken zum Thema hatten.
Im Kompositionsprinzip der geschlossenen Blöcke und offen ineinanderfliessen-
den Hohlräume, die das Gebäude heute aufweist, ist etwas vom Raumgefühl
erhalten geblieben, das uns damals faszinierte.
Das Haus ist Teil eines kleinen Architekturgehöfts, das sich seit den späten
achtziger Jahren des letzten Jahrhunderts nach und nach in diesem Teil
der Haldensteiner Süsswinkelgasse eingenistet hat. Es liegt gleich neben dem
Holzatelier, dessen Bauweise sich auf die gewerblichen Holzbauten des
Dorfes bezieht. Das neue Haus ist aus Stein gebaut. Ein plastifiziertes Gewebe,
das in der Sichtbetonschalung der Fassaden einen Abdruck hinterliess, gab
ihm ein weiches, lebendig changierendes Grau. Das Gebäude will sich mit den
gewachsenen dörflichen Strukturen, den Gebäuden, Wiesen, Gärten, Zäunen
und Wegen verbinden, und es sucht die intime Nähe zum mit Eschen bewach-
senen Steilbord, das zur Rheinebene hinunter abfällt.

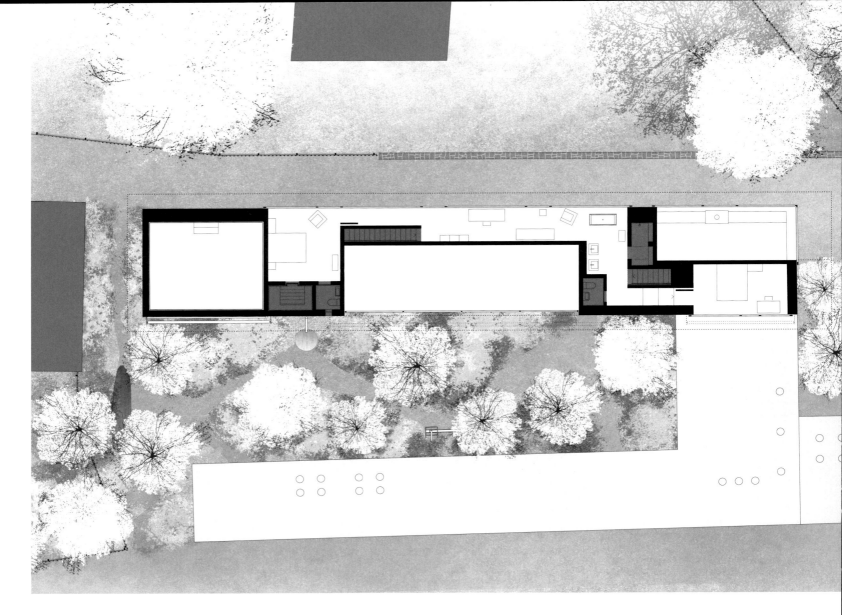

0 1 2 5

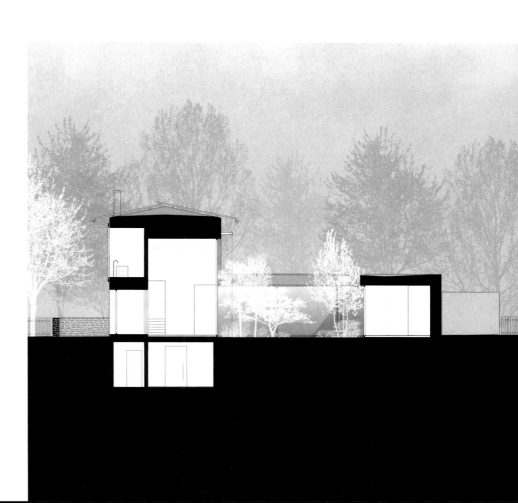

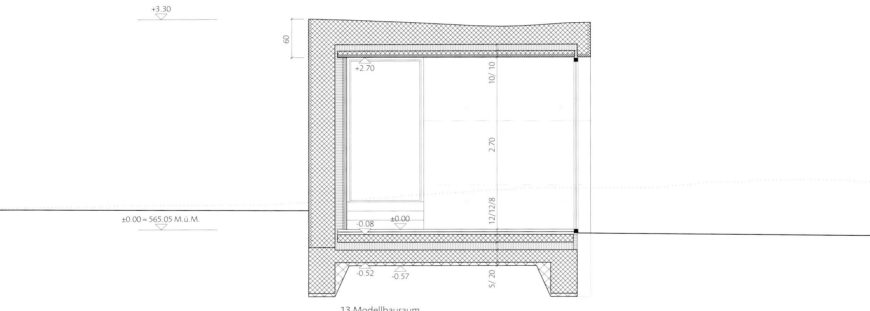

+3.30

60

±0.00 = 565.05 M.ü.M.

+2.70

10/ 10

2.70

12/12/8

-0.08   ±0.00

-0.52   -0.57

5/ 20

13 Modellbauraum

Natursteinplatten 4cm
Mörtel 2cm
Beton 12cm
Dämmung 12cm,
XPS Floormate 700,
gem. Angabe Ingenieur
Beton 20cm
Magerbeton ca. 5cm

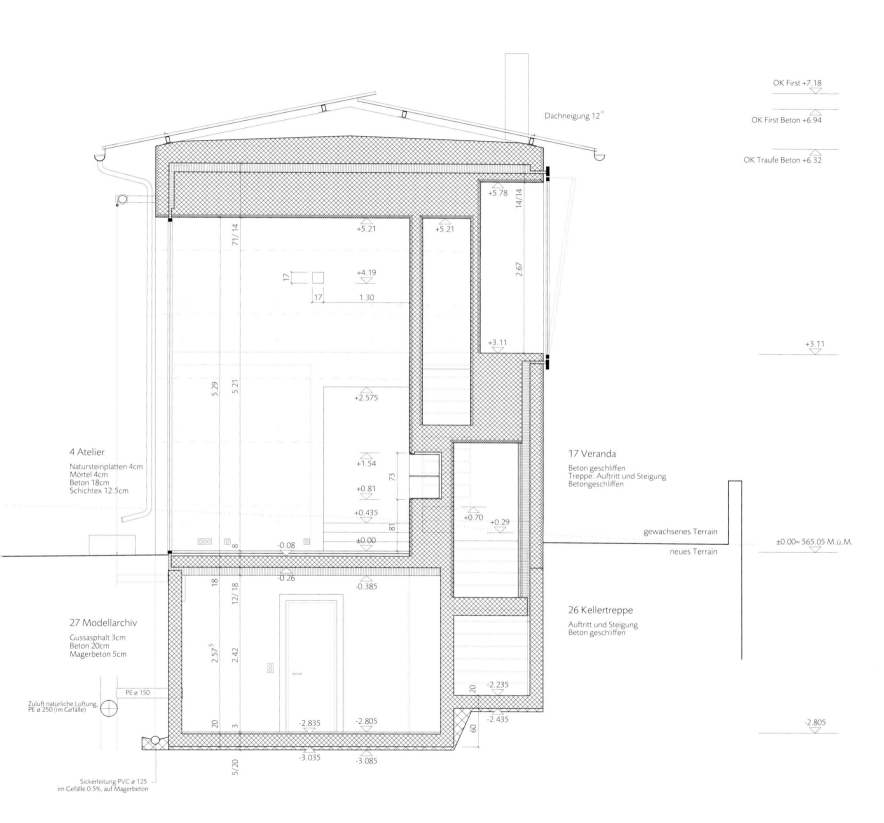

Dachneigung 12°

OK First +7.18

OK First Beton +6.94

OK Traufe Beton +6.32

+5.78   14/14

2.67

+5.21   +5.21

+3.11   +3.11

71/14

17
17   1.30   +4.19

5.29   5.21

+2.575

4 Atelier

Natursteinplatten 4cm
Mörtel 4cm
Beton 18cm
Schichtex 12.5cm

+1.54

73

+0.81

17 Veranda

Beton geschliffen
Treppe: Auftritt und Steigung
Betongeschliffen

+0.435   +0.70   +0.29

81

gewachsenes Terrain

±0.00

-0.08   neues Terrain   ±0.00= 565.05 M.ü.M.

18

12/18   -0.26

-0.385

27 Modellarchiv

Gussasphalt 3cm
Beton 20cm
Magerbeton 5cm

2.57⁵   2.42

26 Kellertreppe

Auftritt und Steigung
Beton geschliffen

PE ø 150

20

-2.235

Zuluft natürliche Lüftung,
PE ø 250 (im Gefälle)

20   3

-2.435

60

-2.805

-2.835   -2.805

5/20   -3.035   -3.085

Sickerleitung PVC ø 125
im Gefälle 0.5%, auf Magerbeton

Berghotel Tschlin, Graubünden
1999–2002

Das Engadin wird von vielen geliebt. Es ist ein alpines Hochtal mit ausserordentlich schönen alten Dörfern und einem heiteren Himmel; seine mit Sgraffiti verzierten barocken Bauernhäuser mit ihren trichterförmigen Fenstern sollen, so geht die Legende hierzulande, Le Corbusier bei der Gestaltung seiner Kapelle in Ronchamp inspiriert haben. Um die Jahrhundertwende gab es im Engadin eine schöne Hotelkultur von Sils-Maria über St. Moritz bis hinunter nach Tarasp-Vulpera. Seitdem hat sich in der Baukultur des Engadins nicht mehr viel getan.

Dass wir von der kleinen Gemeinde Tschlin den Auftrag erhielten, uns für das Dorf ein Hotel auszudenken, und wir auch eingeladen wurden, dafür einen geeigneten Bauplatz vorzuschlagen, hat uns deshalb überrascht und begeistert. Wir versuchten, das Hotel sozusagen von innen heraus zu denken, von seinem Angebot her: natürliche Produkte aus der Region, Menschen aus dem Tal als Gastgeberinnen und Betreiber, ein kleines Kulturangebot, das Eigenes nutzt und Fremdes anzieht. Einfach, natürlich, kultiviert, klein, aber fein: Das waren die Stichworte, die uns bei der Entwicklung des Projektes leiteten.

Wir träumten von einem Hotel, von einer Architektur, die den schönen Grundklang von Landschaft und Häusern, gewachsen über Jahrhunderte und wie durch ein Wunder noch nicht zerstört, aufnimmt. Wir träumten von einer neuen Intensität: welthaltig, zeitgenössisch, unerhört, noch nie so gesehen. Ein neuer Gastort sollte entstehen, der ohne die Geschichte, die Landschaft, die Menschen der Gegend und ohne ihre Kultur nicht denkbar wäre.

Unser Architekturprojekt für Tschlin war im Grunde ein Kulturprojekt. Die Form des für diese Aufgabe entwickelten Gebäudes, seine zellulare Struktur, seine skulpturale Reaktion auf die Landschaft hat in mir innere Bilder entstehen lassen, die mich noch heute begleiten und inspirieren. Zu diesen Bildern gehört auch das ganz besondere «Gefieder» aus handgespaltenem Lärchenholz, das den skulptural geformten Baukörper in der Art von Holzschindeln hätte einkleiden sollen.

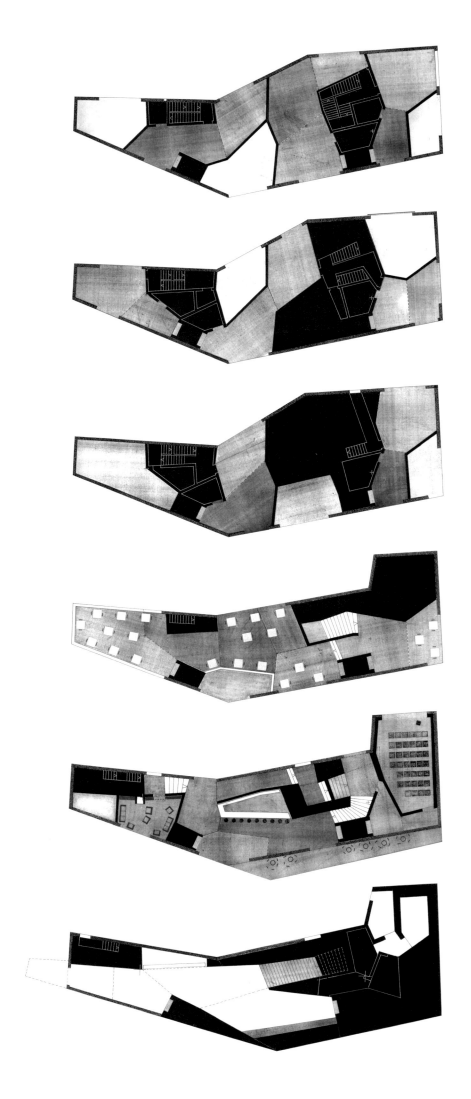

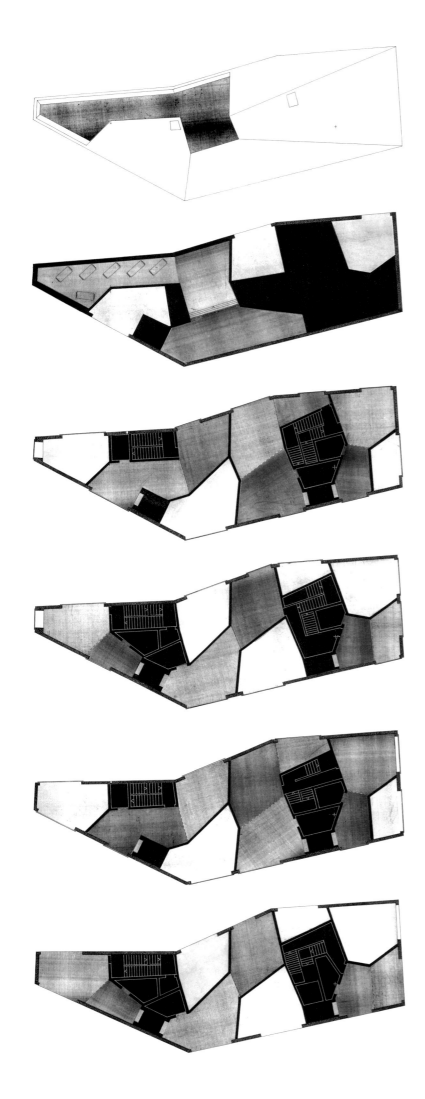

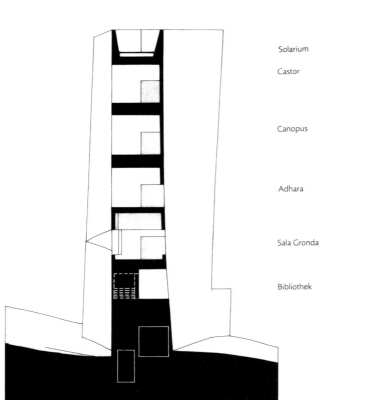

Solarium

Castor

Canopus

Adhara

Sala Gronda

Bibliothek

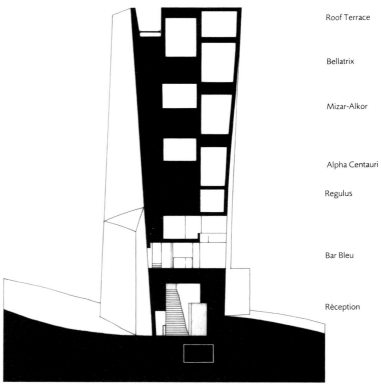

Roof Terrace

Bellatrix

Mizar-Alkor

Alpha Centauri

Regulus

Bar Bleu

Réception

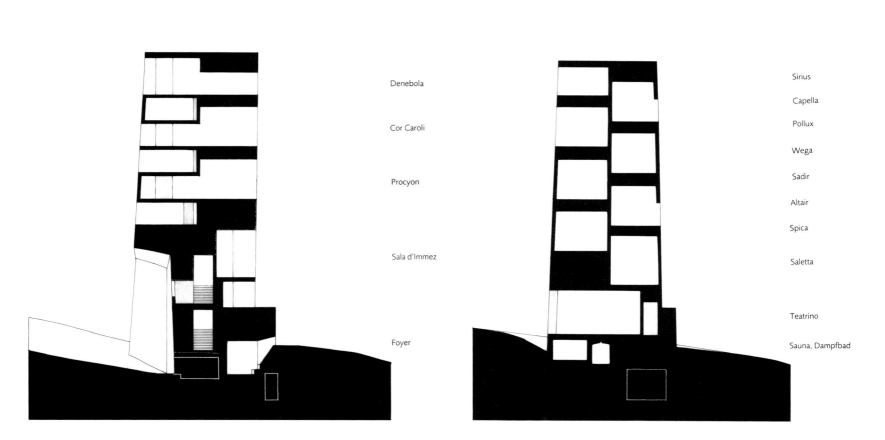

Denebola

Cor Caroli

Procyon

Sala d'Immez

Foyer

Sirius

Capella

Pollux

Wega

Sadir

Altair

Spica

Saletta

Teatrino

Sauna, Dampfbad

I Ching Gallery, Dia Center for the Arts, Beacon, New York, USA

seit 2000

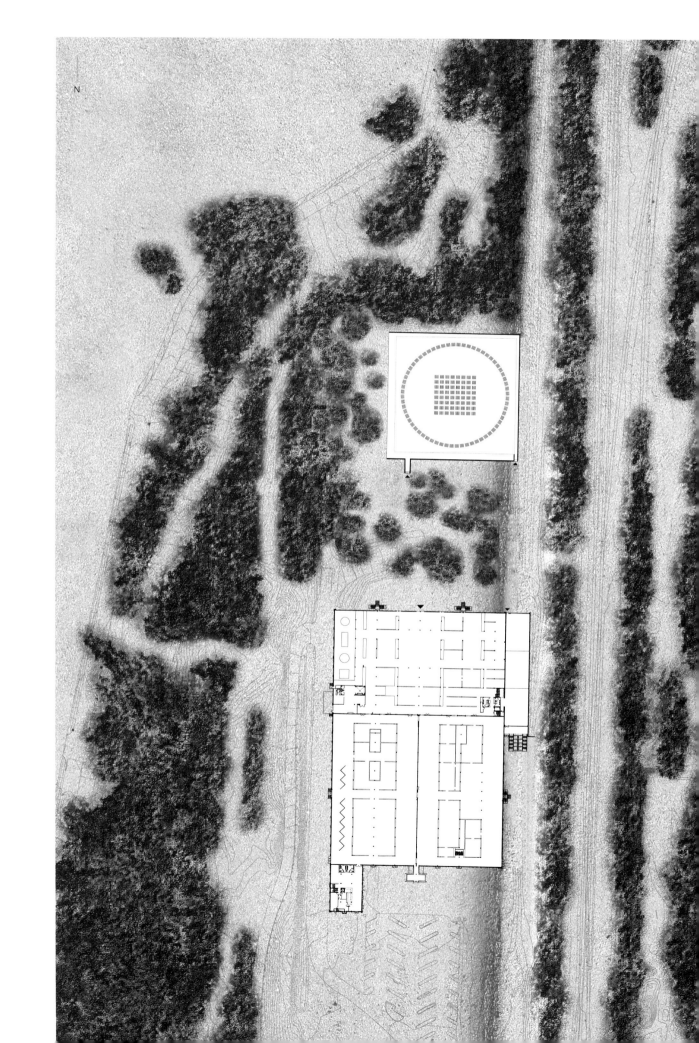

Die I Ching Gallery haben wir als permanentes Gebäude für die Skulptur von Walter De Maria aus dem Jahre 1981 entworfen, die er *360° I Ching / 64 Sculptures* nannte. Als Standort war eine freie Fläche hinter dem Museum Dia:Beacon, am Hudson River nördlich von New York, vorgesehen.

Die Skulptur basiert auf den vierundsechzig Hexagrammen des I Ching, einem klassischen chinesischen Text, bekannt unter dem Namen *I Ging – Das Buch der Wandlungen*. Die Hexagramme, gefügt aus sechseckigen Stäben, die in je sechs geschlossenen oder unterbrochenen Linien in quadratischen Feldern ausgelegt sind, erscheinen zweimal auf dem Boden, einmal als grosses, weisses Quadrat und einmal in schwarz als grosser Kreis, der das weisse Quadrat umgibt. Die Skulptur erfordert einen Raum von rund siebzig auf siebzig Metern mit guten Tageslichtverhältnissen. Weder Stützen noch direktes Sonnenlicht sollen die Betrachtung des Kunstwerkes stören. Das Gebäude ist wie ein grosses Gefäss aus monolithischem Beton gearbeitet. Das mit den Wänden verbundene Dach besteht aus einem rund fünf Meter hohen Trägerrost, der das Tageslicht reflektiert. Das direkte Licht der Sonne verfängt sich in den Trägern der Dachkonstruktion. Die wechselnden Lichtstimmungen des Himmels vom Sonnenaufgang bis zum Sonnenuntergang, das Sommerlicht, das Winterlicht, werden im Innern des Gebäudes auf den hellen mineralischen Oberflächen der Dachträger und der Wände, die das Licht reflektieren und streuen, abgebildet. Alles wirkt authentisch und direkt, das Gebäude hat eine natürliche Präsenz.

Die Besucher betreten das Gebäude über eine Galerie, die als Hohlraum in die westliche und südliche Umfassungswand eingelassen ist. Sie führt langsam auf die Ebene der Skulptur hinunter. Der Rundgang um die Skulptur herum wird vervollständigt durch zwei niedrige Umgänge auf der Ost- und Nordseite der Hauptebene; auch sie Kerben in der Masse der Umfassungswände. Auf diese Weise ist es möglich, die Skulptur aus verschiedenen Blickwinkeln zu betrachten, von oben, von der Seite, und schliesslich in die auf dem Boden ausgelegte Skulptur hineinzutreten, in den Raum zwischen den hundertachtundzwanzig schwarzen und weissen Quadraten. Die Magie der Materie gewordenen Geometrie wird erlebbar, die Nähe gross.

Das Gebäude, gedacht als geschlossene Hülle für eine einzige Skulptur unter dem Licht des Himmels, hat ein grosses Fenster auf der Ostseite. Diese Öffnung gegen Osten war für Walter De Maria wichtig. Und dass der Innenraum einen

Bezug zur Landschaft hat ebenfalls. Walter hat mich beim Entwerfen des Gebäudes kritisch begleitet. Vor einiger Zeit kam er bei mir vorbei, um mir zu sagen, er werde sich dafür einsetzen, dass die *I Ching*-Skulptur ein permanentes Zuhause erhalte. Die Arbeit sei ihm wichtig, sagte er, er wolle, dass die Leute sie sehen. Ein Jahr später, am 25. Juli 2013, starb Walter De Maria. Seine Arbeit hat mich gelehrt, dass die abstrakte Geometrie eine sinnliche Präsenz haben kann.

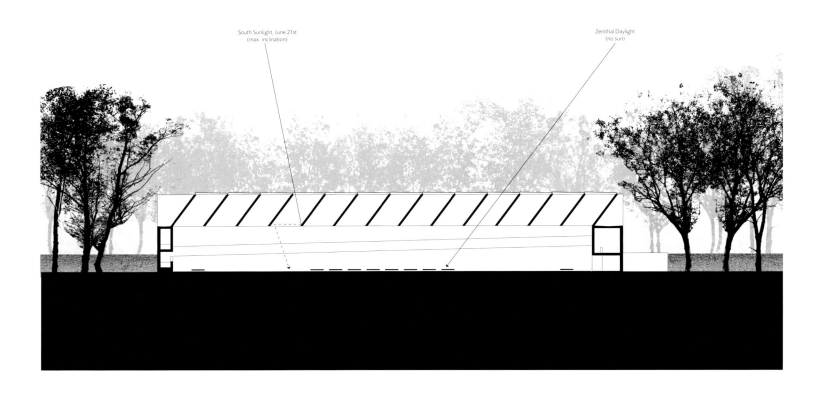

South Sunlight, June 21st
(max. inclination)

Zenithal Daylight
(no sun)

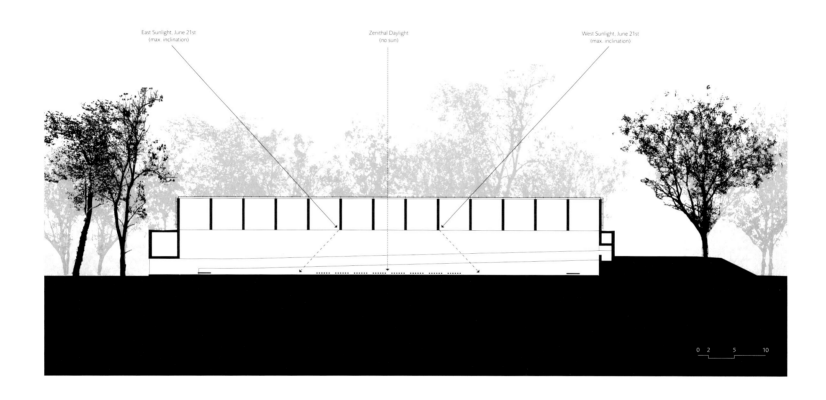

East Sunlight, June 21st
(max. inclination)

Zenithal Daylight
(no sun)

West Sunlight, June 21st
(max. inclination)

0 2   5   10

Harjunkulma Apartment Building, Jyväskylä, Finnland
2001–2004

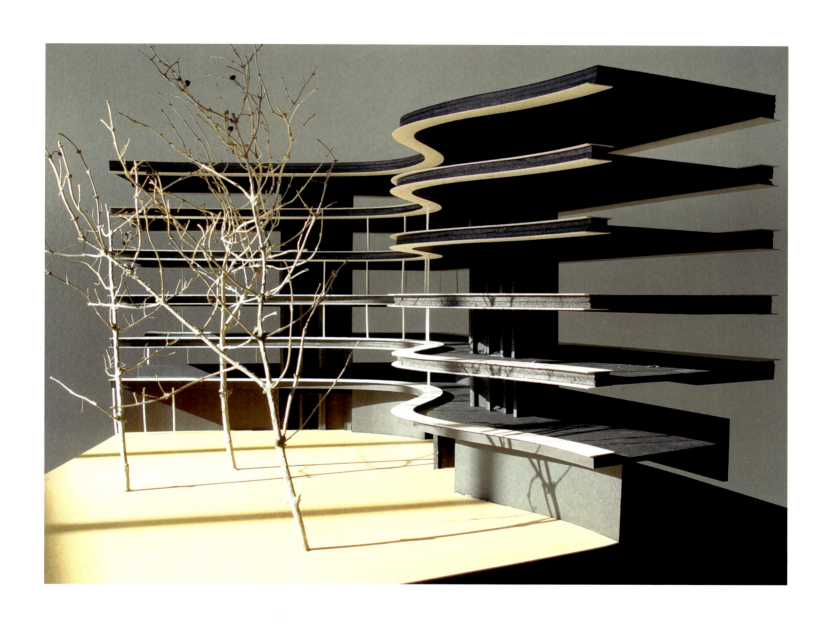

: 100

Neben der Markthalle der finnischen Stadt Jyväskylä wurde ein grosses Grundstück frei. Ein schönes Gebäude mit etwa hundertsechzig bequemen Stadtwohnungen und einigen sozialen Einrichtungen und Geschäften im Erdgeschoss sollte entstehen. Die Stadtverwaltung wollte damit ein Zeichen für gute Architektur setzen. Sie wollte zeigen, dass man in Jyväskylä nicht nur alle drei Jahre ein internationales Alvar-Aalto-Symposium ausrichten konnte, an dem wichtige Architektinnen und Architekten aus aller Welt über ihre Arbeit reden, sondern dass man auch heute noch die Chance zu nutzen verstand, neue Architektur entstehen zu lassen. Alvar Aalto ging in Jyväskylä zur Schule und hat dort schöne Häuser gebaut, einen Arbeiterklub, ein Theater, Universitätsbauten.

Leider hatte die Stadtverwaltung, die uns den Studienauftrag gab, ihr Grundstück der halbstaatlichen Wohnbaugesellschaft, die unser Projekt realisieren sollte, schon vertraglich zugesichert, bevor unsere Entwurfsarbeit begann. Was das für das Projekt bedeutete, erfuhren wir später. Die Verantwortlichen der Gesellschaft liessen uns nämlich zunächst arbeiten, bestanden am Schluss aber auf ihren konventionellen Vorstellungen: Sie wollten das Bauprogramm auf zwei bis drei separate Baukörper aufgeteilt haben, sie bestanden darauf, in zwei aufeinanderfolgenden Etappen zu bauen, und sie hätten gerne möglichst viele Wohnungen pro Treppenhaus gesehen, sechs oder mehr pro Treppenhaus und Geschoss. Weiter beharrten sie auf einer kompakten, sogenannt wirtschaftlichen Bauweise mit dicken Baukörpern und entsprechend tiefen Wohnungsgrundrissen, bei denen die einzelnen Räume gezwungenermassen meist mit ihrer Schmalseite an die Fassade stossen.

Das Herzstück unseres Entwurfes ist ein grosser Wohnhof. Wir sahen das Geäst der Birken im Schneegestöber, das Wasser des Teiches im Hof, wie es im finnischen Winter zu Eis gefriert; wir sahen Kinder, die Schlittschuh laufen, und hörten im Frühling die ersten Vogelstimmen. Wir stellten uns den Wohnhof als geschützten Innenraum für die Siedlungsgemeinschaft vor.

Die Wohnungen zeichneten wir hell und schlank. Man wohnt entlang der Fassade, die Zimmer haben Verandacharakter, die Wohnräume sind durchgehend, man lebt in ihnen von Fassade zu Fassade, vom Hof zur Stadt. Die neun Eingänge zu den Wohnungen liegen am geschützten Innenhof und sind «schöne Adressen», jeder Eingang ist ein wenig anders gestaltet, und es gibt pro Eingang nicht allzu viele Türklingeln. Die Bauweise ist luftig und beschwingt.

Unser Projekt fand bei den Verantwortlichen der Baugesellschaft keinen Anklang. Um es zu retten, überarbeiteten wir die Grundrisse, der Stadtarchitekt gab eine Marktanalyse in Auftrag, die die Wirtschaftlichkeit und Nachhaltigkeit unseres Projektes nachwies, eine erfahrene finnische Immobilienverkäuferin lobte den Zuschnitt unserer Wohnungen, bekannte einheimische Architekten boten ihre Mithilfe an. Vergeblich, es nützte alles nichts, die Verantwortlichen der Baugesellschaft wollten keine neuen Wege gehen.

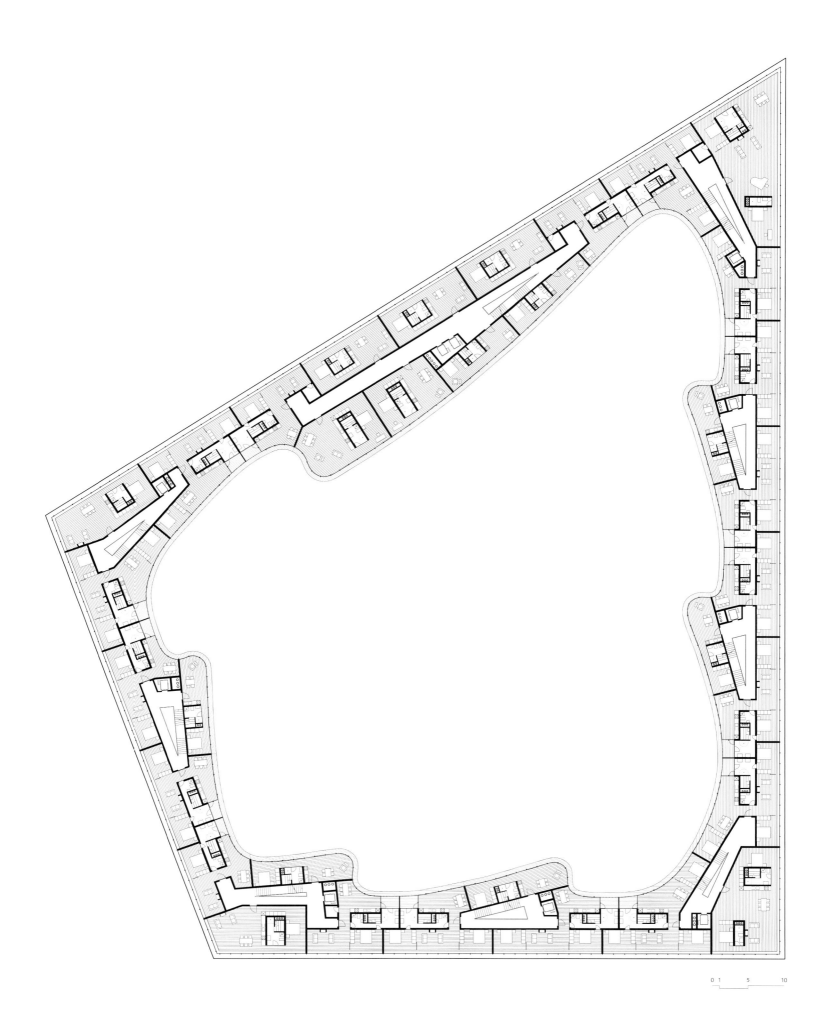

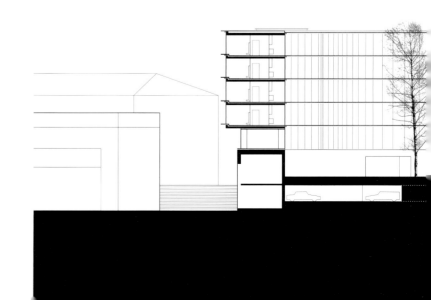

Pingus Winery, Valbuena de Duero, Spanien
2001–2005

Die Kellerei wurde für einen kleinen Spitzenproduzenten im spanischen Duerotal entworfen. Die Weinkellerei sollte nicht einfach eine neutrale Fabrikkiste mit einer repräsentativen Fassade werden, sondern ein Arbeitsort in der Landschaft. Wir sahen das Gebäude als Produktionsinstrument, man sollte ihm ansehen, was es produziert und warum es dort steht – das war die Entwurfsidee.

Fahrzeuge, Maschinen, Geräte, Tanklager, Fässer, Flaschen, alles was man zur Weinherstellung braucht, ist unter einem grossen Dach versammelt. Die Traktoren mit ihren Anhängern, voll beladen mit frisch geernteten Trauben, fahren vor, die Arbeit beginnt.

Das Rebgut und der Wein sollen im neuen Gebäude auf möglichst natürliche Weise bewegt und produziert werden. Die Trauben werden oben im Gebäude angeliefert, der gepresste Saft fliesst später ohne mechanische Pumpen nach unten in die Tanks und danach weiter hinunter in den Abfüllbereich und in die Fässer. Die Lagerung der Eichenfässer erfolgt im Erdreich ohne Klimaanlage. Die Hanglage wird genutzt, um den Fluss des Rebgutes und des Weines soweit als möglich mit Hilfe der natürlichen Schwerkraft zu bewerkstelligen.

Die Landschaft im Duerotal beim Dorf Monasterio hat eine inspirierende Weite und einen heissen Atem, der die Trauben kocht. Ein Gebäude zu bauen, das in dieser Landschaft sitzt, Schatten und Schutz bietend, gross und selbstverständlich wie ein Gehöft, blieb ein Wunschtraum.

lehtenin + roof

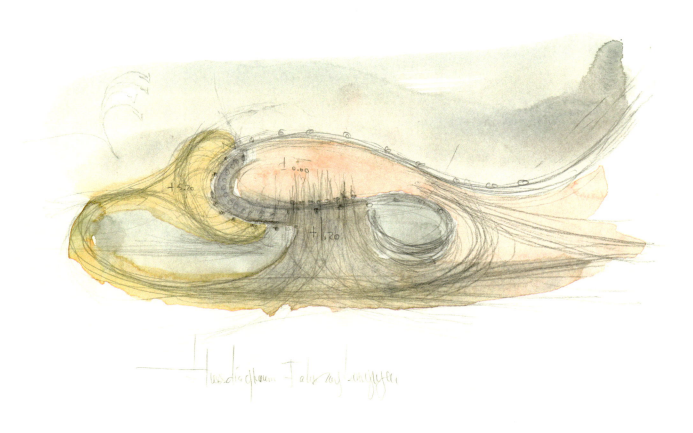

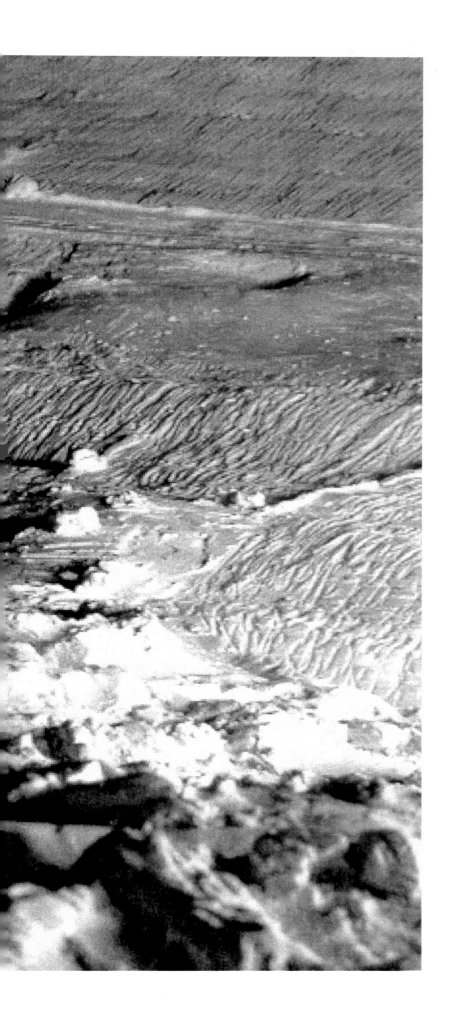

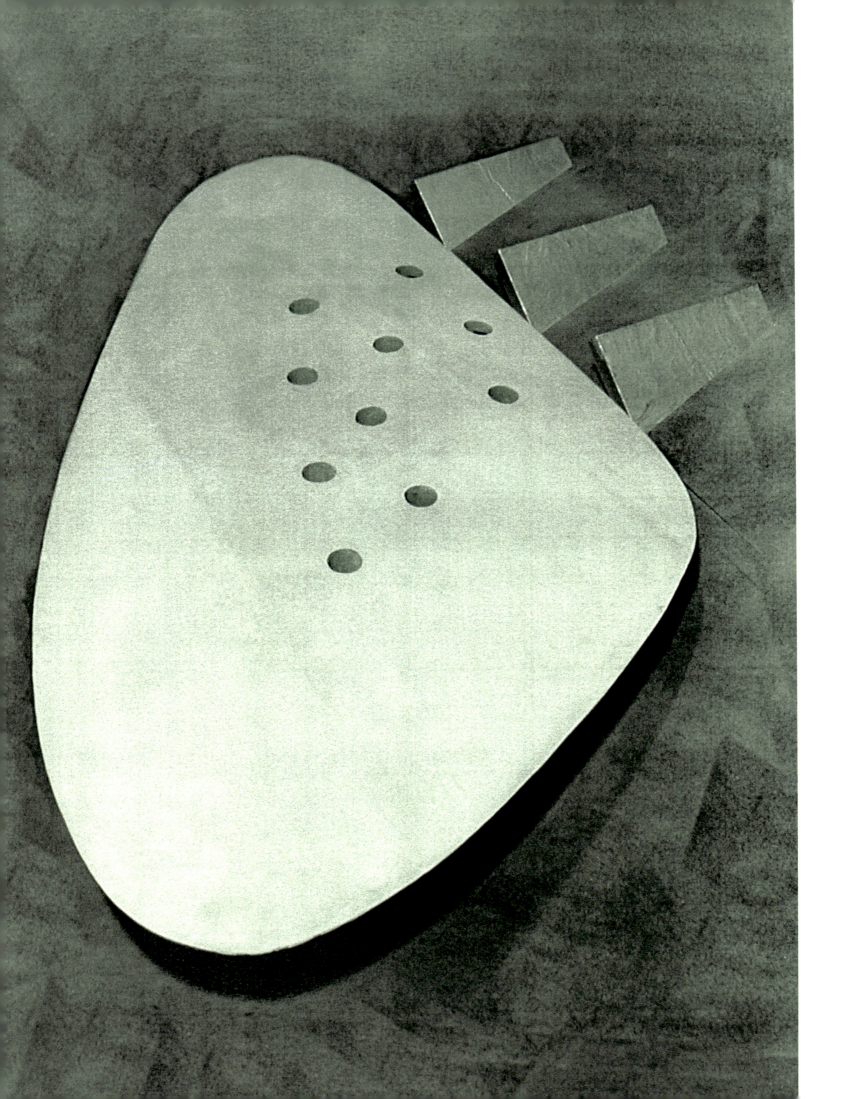

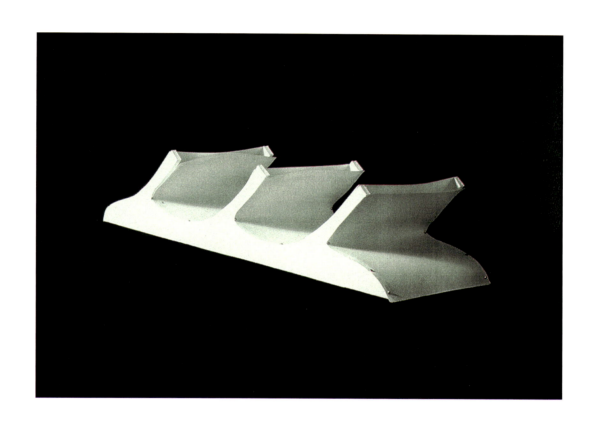

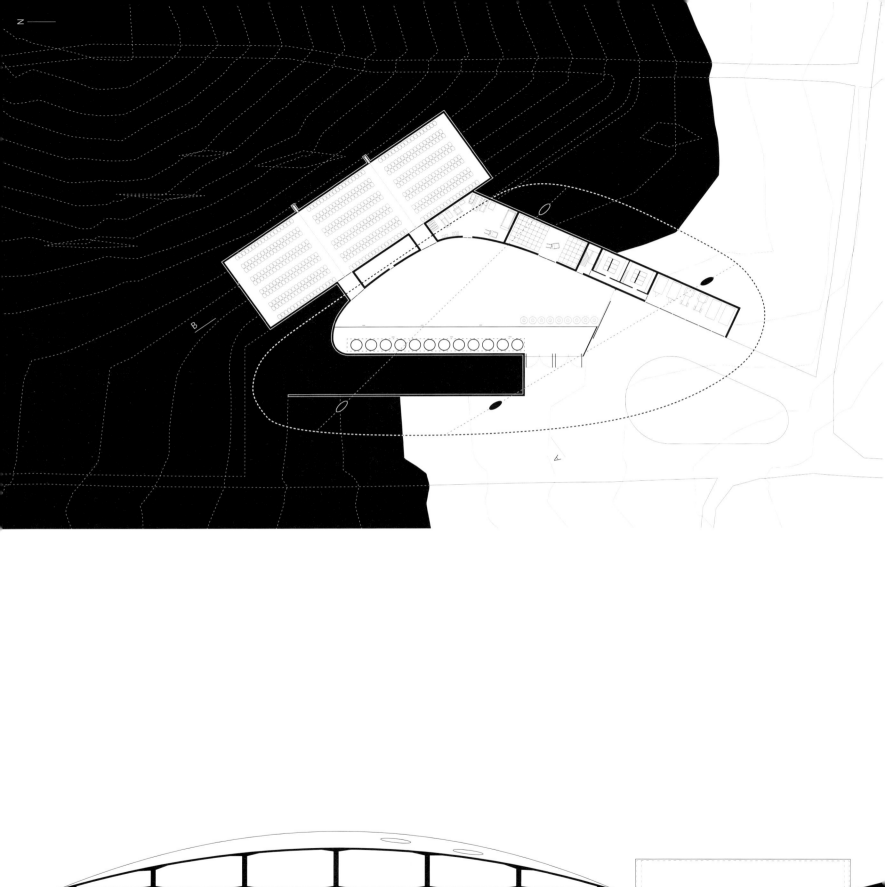

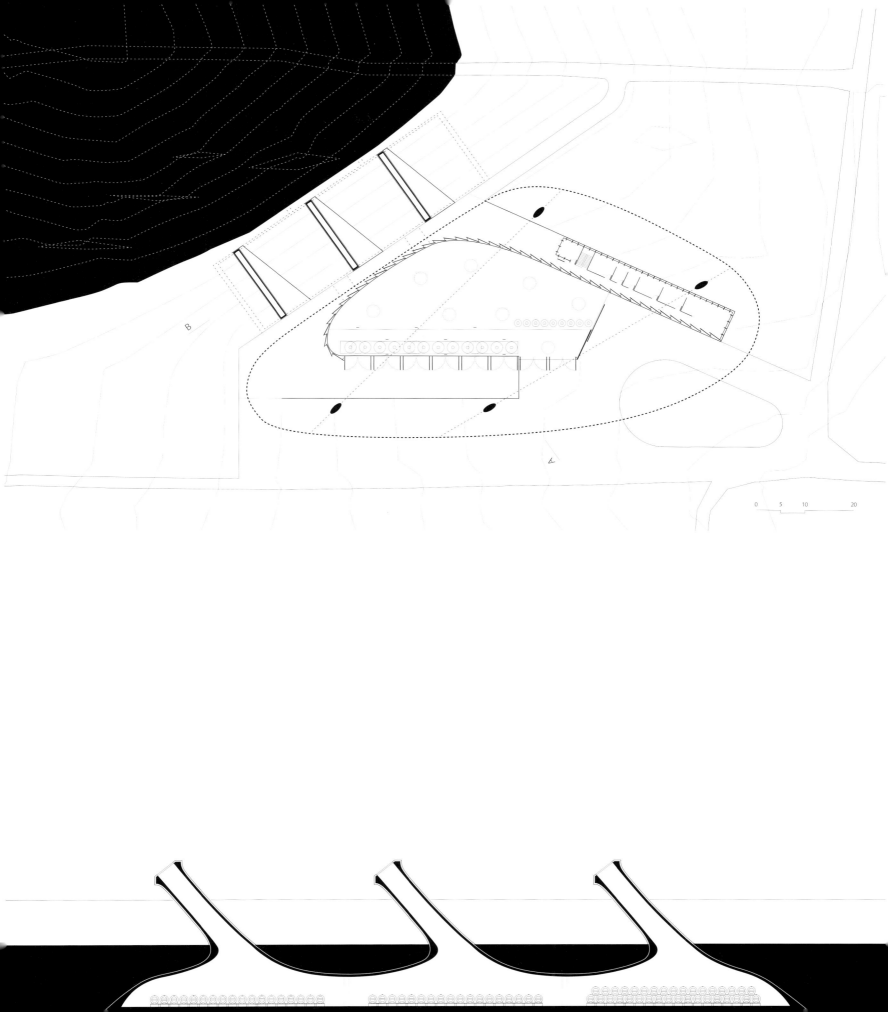

B

0   5   10   20

Feldkapelle Bruder Klaus, Wachendorf, Deutschland
2001–2007

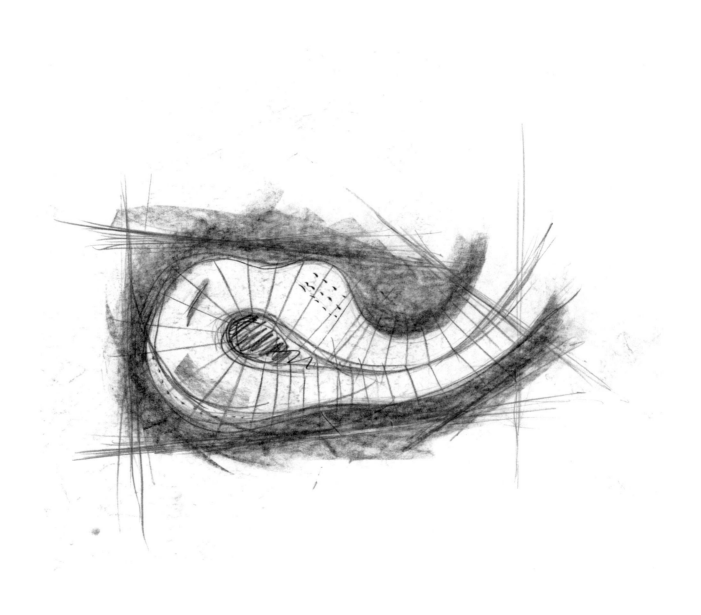

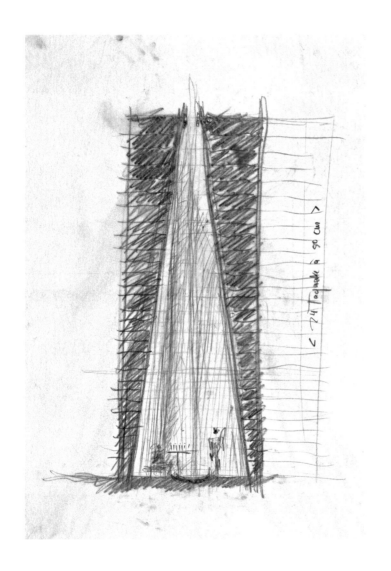

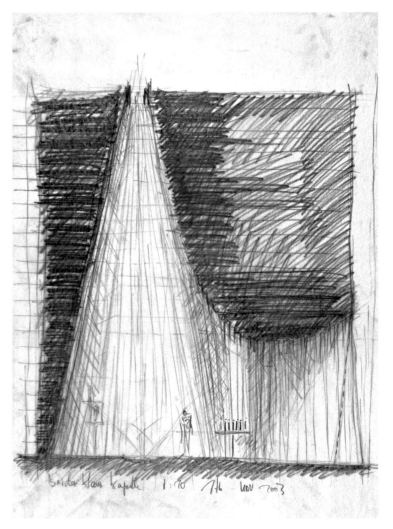

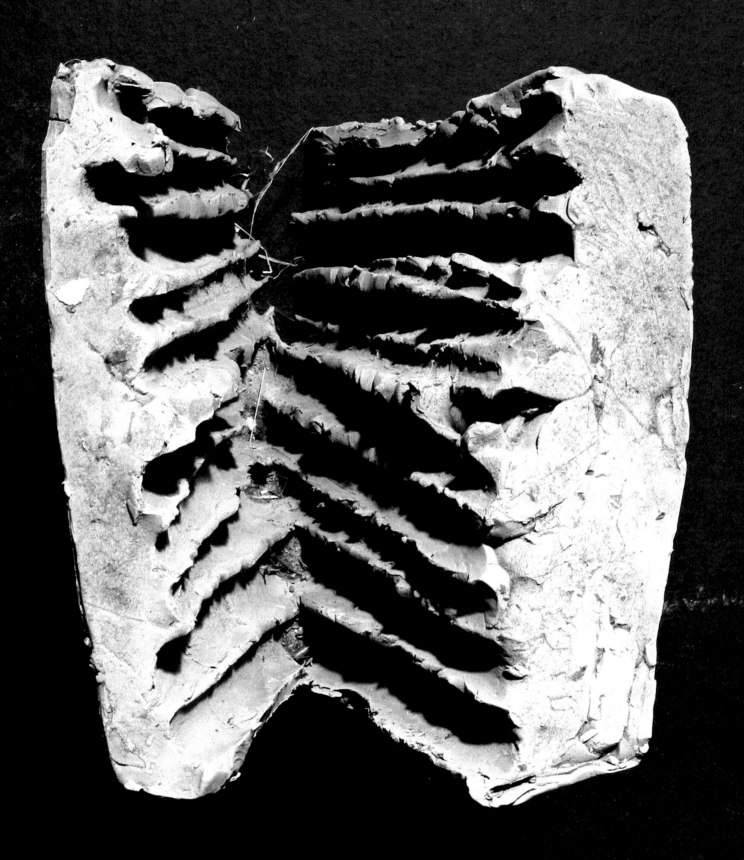

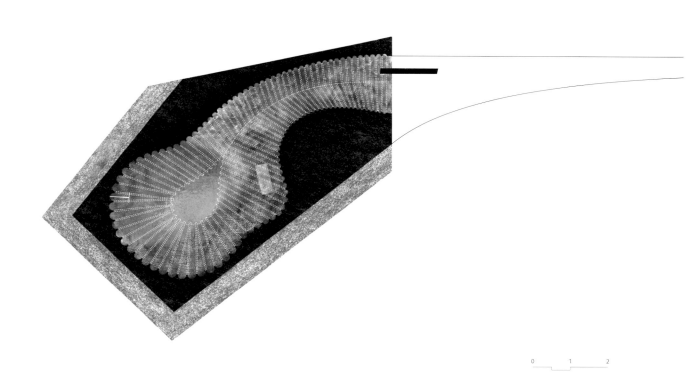

Ein Turm erscheint in der Landschaft oberhalb der kleinen Ortschaft Wachendorf in der Eifel. Die Wahrnehmung der Landschaft verändert sich, ein neuer Orientierungspunkt entsteht, Landschaft und Turm beginnen sich zu verbinden. Ich denke an die Brücke in einem Aufsatz Martin Heideggers, die in einem unberührten Flusstal als erstes Bauwerk plötzlich auftaucht, einen Ort bezeichnet und damit ein Links und Rechts, ein Oberhalb und Unterhalb entstehen lässt, etwas, was es vorher nicht gab.

Die Keimzelle des Entwurfes für die Bruder Klaus Kapelle ist in den Häusern für ein Gedicht zu suchen, mit denen ich mich einige Zeit zuvor im Rahmen des Projektes Poetische Landschaft beschäftigt hatte. Dieser Zusammenhang war mir aber bei der Arbeit an der Kapelle nie bewusst. Später erst, nachdem die Kapelle schon stand, hat mich die Autorin der Poetischen Landschaft, Brigitte Labs-Ehlert, auf die Verwandtschaft der Raumerfindungen hingewiesen.

Für die kleine Feldkapelle den richtigen Innenraum zu finden, hat mich über Jahre beschäftigt. Mit der Zeit wurde der Entwurf klar und elementar: Licht und Schatten, Wasser und Feuer, Materie und Transzendenz, unten die Erde, oben der freie Himmel. Und plötzlich wurde der kleine Andachtsraum geheimnisvoll. Ein Glück.

Bruder Klaus, der erst spät im 20. Jahrhundert heiliggesprochene Mystiker, Niklaus von Flüe, so sein eigentlicher Name, der von 1417 bis 1487 in der Innerschweiz lebte, ist für mich sozusagen ein Familienheiliger. Für meine Mutter ist er wichtig; er habe ihr in schwierigen Situationen immer wieder geholfen, sagt sie. Mich selbst hat die Geradlinigkeit und Kompromisslosigkeit, die ich aus seiner Biografie herauslese, beeindruckt. Vielleicht ist es dieser persönliche biografische Hintergrund, der mich dazu bewog, der Bitte der Eifel-Bauern Hermann-Josef und Trudel Scheidtweiler zu entsprechen und ihnen auf ihrem Feld über dem Dorf eine dem Bruder Klaus gewidmete Kapelle zu bauen.

Bei der Gestaltung der Kapelle hatte ich freie Hand. Meine Entwurfsidee und der lange Weg des Suchens und Verwerfens bis zum Finden der stimmigen Form haben dem Ehepaar Scheidtweiler einiges abverlangt. Sie liessen mich gewähren, hatten aber den Wunsch, möglichst viel selber zu bauen, um die Kosten gering zu halten. So hat der Bauherr in seinem Wald hundertzwölf Baumstämme nach

unseren Angaben geschnitten und zugerichtet, hat sie mit Freunden unter
der Anleitung eines Zimmermanns zu einem grossen Holzzelt aufgerichtet und
hat in vierundzwanzig Tagwerken vierundzwanzig fünfzig Zentimeter hohe
Schichten aus Beton um das Holzzelt herum gestampft. Als die Ummauerung
die Höhe von zwölf Metern erreicht hatte, unterhielt er im Holzzelt, das
der Betonummantelung als innere Schalung diente, etwa drei Wochen lang ein
Schwelfeuer. Das mottende Feuer liess die Baumstämme schrumpfen
und schwärzte die Wandoberflächen mit Russ ein. Als es erlosch, wurden die
angesengten Stämme entfernt. Zurück blieben der Abdruck der Stämme
und der Geruch des Feuers.

Der Innenraum, der sich im fünfeckigen Turm verbirgt, erhielt auf Wunsch der
Erbauer ein einfaches liturgisches Programm: an der Wand ein kleines Rad
aus Bronze mit drei nach innen und drei nach aussen zeigenden Speichen, ge-
formt nach dem Symbol, mit dem Bruder Klaus der Überlieferung nach meditiert
haben soll, und auf einer Stele einen Kopf aus Bronze von Hans Josephsohn,
in dem Hermann-Josef Scheidtweiler den Heiligen zu erkennen glaubt. Die
Kapelle ist ein Andachtsraum und kein konsekrierter Gottesdienstraum im kirch-
lichen Sinn. Für mich war das gut so, denn ich suchte nach einer offenen Form
für die Kapelle, die existenzielle Fragen anklingen lässt.

Erweiterungsbauten Pension Briol, Barbian-Dreikirchen, Italien
seit 2001

7 Holzhäuser: Baumhütten
Me 1 Sonntagsterrasse

Bergschloss "Einang", Knöl, Pavillionkonzept
dez. 04

Die Pension Briol im italienischen Südtirol, ein vom Maler Hubert Lanzinger im Jahre 1928 umgebautes Schutzhaus von 1898, ist ein Geheimtipp für die Liebhaber der unkomplizierten Sommerfrische. Das Berggasthaus liegt eintausenddreihundert Meter über Meer, man erreicht es in einer einstündigen Fusswanderung vom Dorf Barbian aus. Briol ist auf seine Art ein kleines Gesamtkunstwerk. Dem schönen Angebot an räumlichen Situationen im Innern und Äussern des Berggasthauses habe ich 1994 in meinem Aufsatz «Von den Leidenschaften zu den Dingen» ein Kapitel gewidmet.

Die Pension Briol ist ein Berggasthaus im alten Stil. Die beiden Gaststuben kann man mit Holzöfen heizen. In den Schlafkammern stehen Waschschüsseln und Krüge mit Wasser auf den Holztischen, wie man das von früher her kennt. Einfache Bäder und Toiletten liegen auf der Etage am Gang. All dies hat Stil und Charme und soll nach dem Willen der Eigentümer des Hauses so bleiben.

Es gibt aber auch Gäste, etwa Familien mit Kindern, die sich heizbare Gäste-zimmer mit integrierten Bädern wünschen. Diese Zimmereinheiten zu schaffen, war unsere Aufgabe. Dabei kam es nicht in Frage, das Haupthaus zu erweitern, denn es ist ein Baudenkmal und es sollte auch nicht durch Neubauten in seiner unmittelbaren Umgebung beeinträchtigt werden. So entstand nach und nach die Idee, freistehende Einzelbauten zu konzipieren, die etwas abseits vom Haupthaus liegen; fünf leichte Holzbauten, durch Fusswege erschlossen, frei in den Hang gesetzt und in den Waldrand integriert. Kleine Holzstege führen von den Wegen zu den in den Baumkronen schwebenden, aufgeständerten Baumhütten. Flache Pultdächer aus Brettschindeln bedecken die Baukörper. Die Topografie des Hanges bleibt unverändert, der natürliche Bewuchs, die zun-genförmig in den Waldrand eingreifenden Bergwiesen, die Sträucher und Bäume bleiben erhalten.

Die fünf Häuser sind unterschiedlich. Sie sind auf die Bedürfnisse der Gäste zugeschnitten. Der Ruhe suchende Einzelgänger, das Paar mit Kleinkind oder mehreren Kindern, die zwei befreundeten Paare, die gemeinsam wohnen möchten, oder die grössere Familie mit erwachsenen Kindern – sie alle werden das passende Haus für ihren Aufenthalt finden. Angeboten werden verschiedene Wohn-, Arbeits- und Schlafsituationen. In den Wohnräumen gibt es einen Ofen, den man mit Holz feuern kann, daneben eine kleine Kochgelegenheit. Die kleinen Häuser sind wintertüchtig.

Allen Haustypen gemeinsam ist der hohe Wohnraum mit einer grossen Ter-rasse davor, der auf die Aussicht ausgerichtet ist, auf die Kette der Dolomiten, die quer über dem Tal in der Abendsonne aufleuchtet und über der am Morgen die Sonne aufgeht.

Torat 5. Nov. 05

Skala 1:100

4×2.60 = 10.4 m²
4×2.60 = 10.4 m²
4×3.0 = 12. m²

Total 33 m²

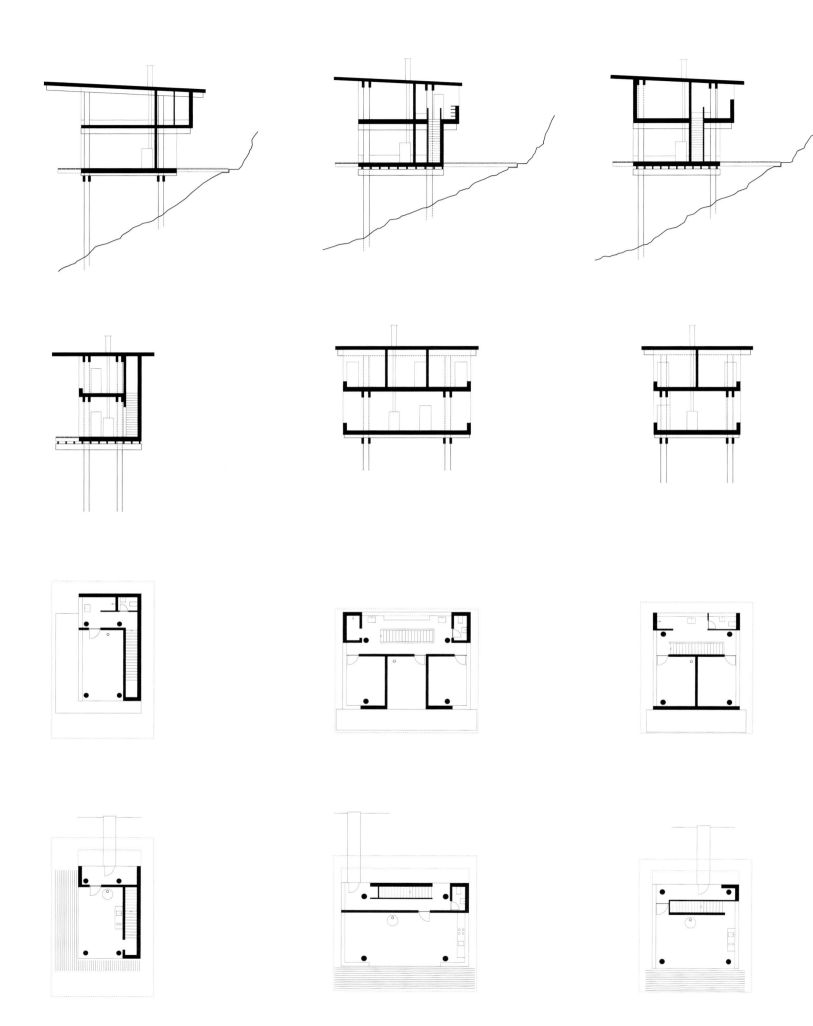

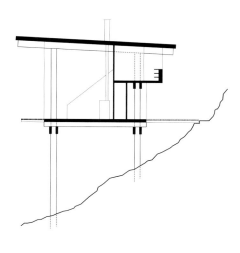

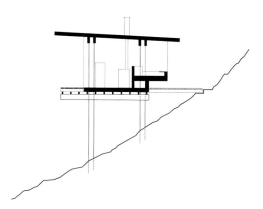

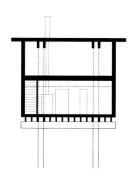

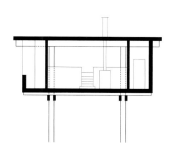

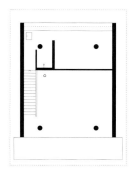

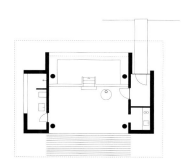

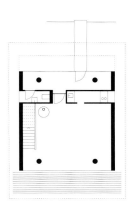

0   1   5   10

Konzeption: Peter Zumthor, Thomas Durisch, Beat Keusch
Gestaltung: Beat Keusch Visuelle Kommunikation, Basel – Beat Keusch,
Angelina Köpplin
Künstlerische Beratung: Arpaïs Du Bois
Lektorat: Jürg Düblin
Lithografie: Georg Sidler, Samuel Trutmann
Druck und Bindung: DZA Druckerei zu Altenburg GmbH, Thüringen

Bildnachweis siehe Anhang Band 5

Dieses Buch ist Band 3 des fünfbändigen Werks
Peter Zumthor 1985–2013 und nicht einzeln erhältlich.

© 2014 Verlag Scheidegger & Spiess AG, Zürich

Neuausgabe 2024: ISBN 978-3-03942-247-0

Englische Ausgabe: ISBN 978-3-03942-248-7

Verlag Scheidegger & Spiess AG
Niederdorfstrasse 54
8001 Zürich
Schweiz

Der Verlag Scheidegger & Spiess wird vom Bundesamt für Kultur mit
einem Strukturbeitrag für die Jahre 2021–2024 unterstützt.

www.scheidegger-spiess.ch